AF246886

LES IDÉES

DE

JEAN-FRANÇOIS

Magny. — Imp. O. PETIT.

LES IDÉES

DE

JEAN-FRANÇOIS

—

V

LES DÉPUTÉS DANS L'EMBARRAS

par JEAN MACÉ

—

PARIS

LIBRAIRIE FRANKLIN

71, rue des Saints-Pères, 71

—

1873

LES DÉPUTÉS

DANS L'EMBARRAS

I

LES DEUX CONSCIENCES

Nous possédons quatorze représentants de la nation française qui doivent se sentir, au fond de l'âme, dans un grand embarras.

Figurez-vous un candidat

parlant d'une voix émue, aux électeurs réunis, de sa conscience et de son honneur.

Un impertinent se lève et dit :

— Que venez-vous nous parler de conscience et d'honneur ? Vous oubliez, mon brave homme, que vous n'êtes pas en droit d'avoir une conscience à vous, dont il puisse être question maintenant. On vous donnera la conscience que vous devez avoir en temps et lieu, selon qu'il conviendra à des gens qui ne sont pas ici. Dispensez-vous donc de nous faire vos offres de service. Vous n'avez pas ce qu'il faut pour nous représenter.

Que penser du candidat qui se laisserait dire tranquillement ces choses-là et ne trouverait pas un mot à répondre ?

C'est juste le cas des représentants dont il s'agit.

L'histoire est vieille, mais le fonds en est toujours neuf. A la suite d'un vote contrariant pour le pape, l'évêque de

Versailles s'était passé la fantaisie de laver publiquement la tête à l'Assemblée nationale que nous avons, la mettant en bloc, amis et ennemis, plus bas que les assemblées de feu l'Empire, qui ne se seraient jamais permis de chagriner le saint-père.

Nos quatorze députés de regimber sous un pareil affront. Ils protestent, respectueusement il est vrai, à titre d'amis méconnus, cherchant à s'excuser de toutes les façons, mais enfin ils protestent. Ils vont même, dans un accès de fierté mondaine, jusqu'à se déclarer « seuls juges de leur conscience et de leur honneur. »

Là-dessus intervient un abbé d'Alzon, grand-vicaire à Nîmes, et voici la correction qu'il leur administre dans une lettre à son ami Veuillot, le champion officiel des vrais principes.

« ..... Cette protestation renferme tout simplement une grosse hérésie. Ces messieurs se déclarent *seuls juges de leur conscience et de leur honneur*. Pour l'honneur, je ne m'en mêle pas ; mais pour la conscience, c'est autre chose.

» En effet, messieurs, ou vous avez la foi, ou vous ne l'avez pas. Si vous ne l'avez pas, que vous importe la lettre de l'évêque de Versailles? Est-ce que la gauche a pris la peine de protester ? Faites ce qu'il vous plaira de votre conscience et de votre honneur, tout autres que l'honneur et la conscience des catholiques ; ceci ne regarde plus aucun évêque. Mais si vous avez la foi, et vous l'avez profonde, je le sais, il faut bien avouer que vous n'êtes pas, quoique vous prétendiez, seuls juges de votre con-science. Le juge en premier ressort de votre conscience, c'est votre confesseur, et celui qui, à Versailles, si vous y avez fait vos Pâques, a donné à un prêtre le pou-voir de vous confesser et de vous juger, c'est l'évêque du doicèse où vous avez voté. »

« Ces messieurs », pour dire comme l'abbé d'Alzon, n'ont rien trouvé à répondre. Les voilà donc, vis-à-vis de leurs électeurs, dans la position du candidat de tout à l'heure : ils n'ont pas ce qu'il faut pour les représenter.

Quelle position et quel embarras pour des gens qui se respectent, comme il n'est pas permis d'en douter !

Il est notoire qu'aux dernières élections générales, il n'a été question nulle part, dans les manifestes électoraux, d'une certaine spécialité de conscience, dite conscience de catholique, tout autre que la simple conscience d'honnête homme, au témoignage de M. le grand-vicaire. Nul candidat n'a prévenu non plus les électeurs qu'en le nommant ils se donneraient pour représentant réel le confesseur qui lui ferait faire ses Pâques, par la raison péremptoire qu'ayant la foi, il se verrait, lui, tenu de soumettre ses votes à la sanction du confessionnal. Nos quatorze messieurs ne se doutaient pas eux-mêmes alors de cette conséquence forcée de leur foi profonde, puisqu'ils se sont proclamés plus tard, dans l'innocence de leur cœur, par-devant l'évêque du diocèse où ils votent, *seuls juges de leur conscience*, tout comme vous et moi.

Il y a donc eu méprise évidente de part et d'autre. Le candidat n'a pas su ce qu'il offrait à ses électeurs en briguant leurs voix; ceux-ci n'ont pas su davantage ce qu'ils prenaient en votant pour lui. Partant, élection nulle, en bonne conscience de tout le monde ; démission obligatoire, pour un homme d'honneur, après la révélation venue de Nîmes. Je parle de l'honneur connu jusqu'à présent, qui consiste à ne tromper personne, ignorant en quoi peut bien consister cet autre honneur découvert par l'abbé d'Alzon, et nommé par lui : l'honneur des catholiques.

Le premier, celui dont chacun de nous est juge pour son compte, les députés mis en cause s'y tenaient assurément avant la lettre de notre abbé, puisqu'ils venaient de s'en faire gloire en public. Qu'ils l'aient déserté de but en blanc, sur le vu d cette lettre, si péremptoire et bien raisonnée qu'elle soit, il est difficile de l'admettre. La docilité humaine a des bornes, et l'on ne change pas ainsi ses habitudes de conscience du soir au matin. La voix du vieil honneur doit donc se faire entendre encore dans leur âme, c'est à peu près certain, en dépit du silence compromettant qu'ils ont gardé. Elle les sollicite indubitablement à retourner devant leurs électeurs pour exposer catégoriquement les nouveaux devoirs qui leur ont été enseignés, et se faire renvoyer à l'Assemblée, munis de nouveaux pouvoirs, conformes aux droits d'en haut du confesseur.

Résister à la voix de l'honneur, tel qu'on l'a toujours conçu, c'est dur quand on n'en a pas l'habitude.

D'autre part, prendre une détermination aussi grave à l'insu de cette conscience des catholiques qu'on dit siéger derrière la grille du confessionnal, au mépris peut-être de ses injonctions, c'est dur aussi pour qui a la foi, pour qui l'a profonde surtout.

Qui pourrait dire si l'on n'est pas allé demander la permission nécessaire, et si elle n'a pas été refusée? Quatorze voix de plus ou de moins, c'est beaucoup dans les circonstances présentes. On sait qui partirait, on ne sait pas qui reviendrait, et la lettre à l'ami Veuillot n'a pas l'air le moins du monde de viser à une éclaircie quelconque, pour raison de conscience, dans les rangs serrés de la droite.

Comment passer outre, pour obéir à cette conscience de mauvais aloi qu'on partage avec tout ce qu'il y a de mécréants, quand la vraie, celle dont on n'est pas juge, vient se mettre en travers? Il y va du salut éternel, la seule chose sérieuse, comme on sait, pour un bon catholique à la façon de l'abbé d'Alzon, «son unique affaire,» disent les cantiques qu'on lui donne à chanter, d'où je conclus qu'il n'est pas apte à se charger des nôtres.

C'est ainsi qu'on peut s'expliquer la présence, à l'heure qu'il est, des quatorze messieurs sur des bancs

qu'ils devraient avoir aban-
donnés depuis . longtemps,
sauf à s'y faire réintégrer par
qui de droit.

Jugez du déchirement de
ces pauvres âmes, tiraillées
entre deux honneurs dont il
faut sacrifier le mieux connu,
un vieux camarade de toute
la vie, entre deux consciences dont la pire, ou soi-disant
telle, a du bon — on se le
dit malgré tout — et n'est
pas facile à renier devant
témoins, une fois le con-
fesseur parti! En vérité, c'est

là une situation épouvantable! De quelle tragédie à la Corneille elle pourrait fournir le sujet, si l'on s'amusait à la creuser !

Il y aurait bien une autre explication à risquer, mais elle paraîtra peut-être invraisemblable.

Il serait permis à toute force de supposer que les députés rappelés à l'ordre par le terrible abbé de Nîmes n'ont pas précisément le genre de foi profonde dont il a bien voulu les gratifier;

qu'ils sont catholiques d'une manière qui n'est pas la sienne; bref, qu'ils n'acceptent pas sa théorie des deux honneurs et d'une conscience de choix, à l'usage de ceux qui vont à confesse. Tout ce qu'il a pu leur dire serait donc considéré par eux comme non avenu; il n'y aurait pas eu dès lors de raison pour que son arrogante mise en demeure les renvoyât devant leurs électeurs, demeurant les députés qu'ils étaient avant de l'avoir reçue.

Il est clair qu'à l'entendre ainsi, tout serait sauvé, y compris l'honneur, j'entends celui des mécréants. Mais qui oserait prendre sur soi de mettre des hommes ayant la foi en contradiction, sans leur aveu, avec un directeur spirituel aussi crânement sûr de son affaire? S'ils l'enten- daient de la sorte, ce semble, ils l'auraient dit.

On ne laisse pas sans réponse un affront public de cette gravité, une sommation de rompre sans sourciller avec ce qu'on avait de plus sacré, si quelque chose ne vous dit pas que la sommation est fondée en droit, qu'un devoir supérieur vous oblige à courber la tête devant l'affront.

C'est bien ici le cas, où jamais, d'appliquer le proverbe : « Qui ne dit mot consent. »

Nous sommes donc forcés, jusqu'à déclaration contraire des intéressés, de croire qu'ils ont consenti, et voici maintenant un autre embarras où je les vois depuis la découverte qu'ils ont faite en consentant !

Que les députés de la gauche, qui n'ont pas pris la peine de protester contre la mercuriale de leur évêque, s'en tiennent à consulter, en votant, la conscience qu'ils ont apportée à la séance, cela les regarde : nul abbé n'est là pour les morigéner. Mais les autres, ceux dont la conscience légitime n'a pas le droit d'entrer dans la salle où l'on vote, comment peuvent-ils s'en tirer ?

Aller la consulter après le vote, ce n'est plus guère la peine, vous en conviendrez avec moi.

Faire suspendre le scrutin pour se donner le temps de courir dans les sacristies de Versailles, ce n'est pas pratique, évidemment. Les comptes-rendus officiels font foi d'ailleurs que l'on n'a pas encore essayé.

Il n'y avait qu'un moyen d'en sortir pour les députés

à conscience externe, c'était d'avoir chacun son confesseur sous la main, à poste fixe, dans la salle des Pas-Perdus, et très-certainement, ce moyen-là, ils ne l'ont pas employé. Cela se serait vu, et leurs collègues en auraient jasé.

Comment font-ils? C'est un mystère impénétrable.

En vérité, je le dis encore une fois, leur situation est épouvantable. Les électeurs qui les ont mis dans un pareil embarras devraient pouvoir, pour bien faire, les en retirer dès à présent en leur donnant des successeurs. Ils ne le peuvent pas, n'y pensons plus. A tout le moins devront-ils, quand le moment sera venu de renouveler un mandat qui ne peut pourtant pas toujours durer, bien s'assurer de l'état réel des choses et leur poser nettement la question des doctrines mises au jour, à l'étourdie peut-être, par l'ultra-catholique abbé. Il n'est pas indifférent, après tout, de savoir à qui l'on confie les destinées de son pays, si c'est à l'homme que l'on a sous les yeux, ou bien à l'inconnu en soutane qui lui donnera l'absolution dans un diocèse quelconque.

Un dernier mot, à propos de diocèse.

Veut-on savoir où nous mènerait cette théorie du député catholique, tel qu'on l'entend à Nîmes et à Rome, avec une Assemblée où il ferait la majorité? Quelques lignes de notre grand-vicaire à ses administrés de l'Assemblée nationale nous en diront plus là-dessus que toute la rhétorique du monde. Il faut savoir, pour les bien comprendre, que le fougueux évêque d'Orléans, comme nous l'appelons, nous autres, n'est plus qu'un tiède, un catholique dégénéré, sentant le fagot, dans le monde des correspondants de M. Veuillot. C'est une vieille querelle, qui date de loin, et Dieu sait comment elle finira; mais je suis avec elle comme l'abbé d'Alzon avec l'honneur profane : je ne m'en mêle pas.

Voyons de quoi il se mêle, lui !

« Il vous reste une excuse, je le sais : vous avez marché sous la direction d'un évêque député ; mais vous deviez savoir qu'à Versailles ce député n'est plus que Mgr Dupanloup, sans aucune juridiction, et que Mgr Mabille y est votre évêque. C'est donc lui qu'en catholiques vous deviez consulter, et si ses conseils n'eussent pas été bons, Pie IX seul pouvait l'en prévenir. »

La conséquence de tout ceci saute aux yeux. Qu'on nous envoie à Versailles une assemblée de catholiques dans le bon sens, et Mgr Mabille, le pasteur des âmes domiciliées dans le diocèse, devient à l'instant le chef absolu de la République française, tenant sous clef dans ses confessionnaux toutes les consciences, et conséquemment tous les votes des souverains qu'elle aura cru se donner. Ce serait même, pour le dire en passant, une manière comme une autre de faire accepter la République à Leurs Grandeurs nos évêques. On peut croire qu'ils ne se plaindront jamais de celle-là !

Notez que nous n'aurions pas même en perspective la chance, assez maigre à vrai dire, d'alléger notre joug en transférant notre domicile national à Orléans, par exemple. Le cas est prévu. Si les conseils de Mgr Dupanloup allaient ne pas être aussi bons qu'on pourrait le désirer, Pie IX est là. Nos assemblées auront beau changer de diocèse et d'évêque, Pie IX sera toujours là, et la société de Jésus à côté de lui.

Dès lors, à quoi bon nous donner des représentants? Proclamons le pape roi à Paris. Ce sera juste son affaire, puisqu'il ne l'est plus à Rome.

II

LA FRANCE A ROME

Nous voici au lendemain de Sedan, et nous avons échappé à la révolution du 4 septembre, cette abominable révolution qui a fait tout le mal, comme chacun sait. Rien n'a bougé en France.

L'impérial fumeur de cigarettes se met en devoir de sauver sa dynastie, cette précieuse dynastie, dont le salut a été jusque-là le seul et unique objectif de la guerre. Il traite avec le vainqueur.

Qu'on ne lui demande pas l'Alsace et la Lorraine, cela n'est guère croyable pour qui connaît les Allemands. Qu'il ne les cède pas, cela l'est encore moins pour qui sait quels trésors de dévouement à sa dynastie peut contenir le cœur d'un souverain bien appris.

Le nôtre se résigne donc. Il abandonne de but en blanc à son cousin Guillaume ce qu'il est nécessaire de lui abandonner, et s'en retourne à Paris, battu et content. Son lit aux Tuileries n'est pas défait.

Croyez-vous qu'il y sera bien en sûreté ? Je ne ne vois pas trop, pour mon compte, quelle objection sérieuse il aurait à faire à une garnison de cent mille auxiliaires, casernés dans sa capitale pour le garder avec un peu plus d'enthousiasme qu'une armée retour de Sedan. Paris n'est-il pas aux Allemands, dans sa personne, leur gage de sécurité?

Vous allez crier à l'infamie! Attendez un peu.

Qu'est-ce que nous avons fait à Rome pendant vingt et un ans?

Encore manque-t-il un détail à ma supposition pour être en règle avec la réalité. Je n'ai pas fait rentrer le protégé des Prussiens derrière leurs caissons d'artillerie, dans une ville bombardée par eux, à son intention.

Il y a-t-il deux justices,

deux droits des peuples? Deux indignations, ayant même motif, peuvent-elles être l'une illégitime à Rome, l'autre légitime à Paris?

Voilà ce que vaut à la France ce long crime commis à Rome en son nom, sanctionné par ses votes réitérés au profit des malfaiteurs qui le commettaient! Elle ne saurait plus invoquer la justice, en appeler au droit, sans que l'image vengeresse de la justice et du droit, violés sans pudeur par

les chefs qu'elle s'était donnés, ne se dresse devant elle
pour lui reprocher ce qu'elle
a laissé faire de sa force, alors
qu'elle avait la force. Nous
aurons beau larder de nos épi-
grammes le fameux axiôme
de Bismark, les Romains
sont là pour témoigner que
la force qui prime le droit,
disons mieux, qui l'opprime,
n'est pas une invention prus-
sienne. Le *Jamais!* de notre
M. Rouher avait-il un autre
sens? Il faut avoir le courage
de nous avouer cela en

France, ne serait-ce que pour nous tenir désormais en garde contre les influences qui nous ont fait jouer ce vilain rôle d'oppresseurs, si contraire à notre génie national, et dont le souvenir pèse si lourdement sur nous, maintenant que nous voilà montés au rôle d'opprimés.

Je sais bien qu'à entendre les hommes du pape, ce n'est pas ce rôle-là que nous avons joué à Rome.

Oppresseurs! Allons donc! Nous y étions les champions

du droit et de la liberté, de la liberté de conscience, qui plus est, envers et contre le *Syllabus* qui la tient en abomination. En vérité, c'est comme je vous le dis, nous montions la garde à Rome devant la liberté de conscience des catholiques, qui ne pouvait pas se passer, à ce qu'il paraît, de nos baïonnettes, d'où il résulte que les catholiques n'ont plus la liberté de conscience depuis que nous avons été relevés de faction. Conséquence obligée, dépêchons-nous de retourner à Rome leur remettre la conscience en repos. Les Romains s'abusent étrangement s'ils se figurent que Rome est à eux. Elle est aux catholiques. C'est leur gage de sécurité, à l'endroit du salut de leurs âmes, un gage dont ils ne peuvent réellement pas se dessaisir. Si les autres ne sont pas contents, on leur fera bien voir qu'ils ont tort. Nous sommes plus forts qu'eux.

Et dire que l'occupation

romaine a vécu tant d'années sur ce raisonnement-là, qu'il s'est trouvé, dans nos assemblées, des majorités compactes pour le trouver parfait, qu'il s'en trouverait encore à l'heure qu'il est, s'il ne lui manquait pas l'argument de la fin, si l'on n'avait pas cessé, ici, d'être les plus forts ! N'est-ce pas à désespérer du bon sens français et de ce sentiment de la justice que nous avons plus que d'autres, après tout, mais que l'on serait tenté de méconnaître en le voyant si pitoyablement représenté.

Il y aura bientôt dix-neuf cents ans, une bonne nouvelle s'est répandue dans le monde romain d'où nous venons, la nouvelle d'une religion supérieure à toutes celles qu'on lui avait enseignées jusqu'alors. Des artisans, des pêcheurs, des raccommodeurs de filets, s'en allaient, de ville en ville, prêchant l'affranchissement des âmes, leur égalité devant Dieu et le renversement des dominations sacerdotales.

Plus de servitudes religieuses, de formules imposées, de pratiques matérielles nécessaires au salut ! « Dieu est esprit, et ceux qui l'adorent doivent l'adorer en esprit et en vérité (1). »

Plus de maîtres ni de pères spirituels parmi les hommes! Ils n'ont tous qu'un maître et qu'un père « qui est dans les cieux (2). »

(1) Saint Jean, chap. I.
(2) Saint Matthieu, chap. XIII.

Dès lors, plus de vérités enfermées dans les temples sous l'œil jaloux du prêtre! Elles s'évanouissent de-vant « la vraie lumière qui éclaire tout homme venant en ce monde (3). »

Enfin, pour toute règle de vie, l'amour du prochain et le respect de son droit, qui est le nôtre! « Tout ce que vous voudrez que les hommes vous fassent, faites-le

(3) Saint Jean, chap. IV.

donc, car ceci est la loi et les prophètes (1). »

Voudrions - nous, dites-moi, que l'on nous fît ce que nous avons fait aux Romains ?

L'on demeure confondu quand on met en regard de cette religion, si haute et si pure, de ce culte « en esprit et en vérité, » les étranges doctrines couvertes ici de son nom. Eh! quoi, des âmes chrétiennes , des affranchies

____

(1) Saint Matthieu, chap. vii.

de l'Évangile, pourraient être ramenées à ce degré de servitude, que leur salut dépende d'une misérable question de domination temporelle, l'injuste et odieuse domination d'un prêtre, sur un peuple qui ne veut pas de lui! Il leur est ordonné de « n'appeler Père personne sur la terre, » et voici qu'elles ont un père qui n'est pas dans les cieux, mais à Rome, un père flanqué de zouaves et de chassepots, qui ne pourra plus rien pour elles s'il cesse d'être roi ! Il avait été dit à Pierre et à ses compagnons, par celui de qui ils tenaient leur mission apostolique, de « ne rien porter en chemin qu'un bâton seulement, ni sac, ni pain, ni argent dans leur ceinture (2); » et les consciences catholiques menaceraient de se mettre en grève, d'un bout de la terre à l'autre, parce que le successeur de Pierre aurait perdu le droit de battre monnaie,

(1) Saint Matthieu, chap. VI.

et quelle monnaie ! Que diraient les humbles apôtres de la bonne nouvelle, s'ils la voyaient ainsi défigurée ?

La religion de l'Évangile n'a donc rien de commun avec cette royauté papale qui a l'audace de se poser en soutien indispensable de ce qu'elle outrage. Il n'y a là, en réalité, qu'une institution du moyen âge, issue de la barbarie féodale. C'était le bon temps alors. Évêques et abbés, tous les princes des prêtres, en Europe, étaient du même coup princes du peuple. L'évêque de Rome n'avait pas le privilége des soldats, de la monnaie, du droit de haute et basse justice. C'était le droit commun de tous les potentats du sacerdoce, et l'on ne s'appuyait assurément ni sur Pierre ni sur Paul, dans les cours épiscopales de Cologne, de Trêves et de Mayence ; pour en citer trois dont nous avons nous-même éteint les splendeurs, aux applaudissements des populations qui en faisaient les frais. De tous les vieux principats ecclésiastiques, il ne restait plus que celui-là, demeuré debout à force d'étais, et Dieu sait ce que nous coûtent les heures de grâce dont il nous a été redevable ! Il est tombé, à la fin, entraîné dans notre chute, dont il est certes responsable pour sa part. Au nom du ciel, qu'on ne nous en parle plus !

S'il croulait, le monde devait en trembler sur sa base, c'était prédit. Le monde s'en est à peine aperçu : il regardait ailleurs se jouer une partie plus grave. Et voyez combien il a eu raison ! L'indépendance du père spirituel des catholiques, qui était censée s'abriter sous la couronne du pape-roi, a si peu souffert de sa chute, qu'on a redoublé d'arrogance au Vatican depuis le départ des soldats qui le gardaient. C'était bien la peine de fouler la justice aux pieds pour si peu de chose et de nous mettre à dos toute une nation, la seule alliée sur laquelle nous eussions été, sans cela, en droit de compter au jour du danger!

Quant aux incorrigibles, sur lesquels rien n'a prise, ni droit, ni patrie, ni religion, pas même la force des choses, qui ne peuvent pas se consoler de nous voir sortis de cette galère, et qui osent bien parler de nous y renvoyer à la première occasion, il n'y a qu'un mot à leur dire :

La France à Rome et la

Prusse à Paris ont failli être les deux manches d'un même jeu. Est-ce là un jeu à recommencer pour nous?

III

CONCLUSION ÉLECTORALE

Voulez-vous savoir maintenant par où avaient péché, devant l'évêque de Versailles, les quatorze représentants de la nation française, traités si lestement en petits garçons par le révérend abbé de Nîmes?

Les incorrigibles dont je viens de vous parler avaient bien osé demander à notre Assemblée nationale, qui avait tant d'autres chats à fouetter, une manifestation, compromettante en pure perte, au profit de la royauté papale, condamnée à tout jamais, et les messieurs de l'abbé d'Alzon n'avaient pu se décider, en dépit de leur foi profonde, à cette impuissante fanfaronnade, qu'on eût dite imaginée tout exprès pour nous donner la mesure de la profondeur de notre chute.

Y avaient-ils un mérite de patriotisme et de bon sens? En vérité, je croirais faire injure au patriotisme et au bon sens en leur donnant un rôle à jouer ici. C'était se soumettre purement et simplement à une impossibilité matérielle qui ne s'imposait que trop évidemment d'elle-même.

Or, voilà qu'à cause de cela on se permet de les mettre au ban de la chrétienté; et, après s'être rebiffés contre la première semonce, ils se taisent à la seconde, qui devait, ce semble, les faire bondir, puisqu'elle touchait à ces choses sacrées qui s'appellent la conscience et l'honneur.

Il y a donc là une doctrine d'asservissement contre laquelle on n'ose plus protester, en supposant même qu'on ne l'accepte pas, une poursuite à outrance de l'impossible qu'on prendrait volontiers pour un cas de folie, et qui se trouve être un cas

de conscience. Et c'est là le
mot d'ordre de tout un parti
qui n'aspire à rien moins qu'à
nous gouverner ! Que ce
soient ceux de l'abbé d'Alzon
ou d'autres, quelle garantie,
dites-moi, peuvent présenter
au pays, dans les jours
d'épreuve qui lui restent à
traverser, des hommes ré-
duits à courber la tête sous
de pareils affronts, des hommes qui ne sauraient lui ap-
partenir, puisqu'ils ne s'ap-
partiennent plus à eux-
mêmes, et dont toute la poli-

tique n'aura jamais qu'un but avouable et légitime, de par leur confesseur : mettre la France, coûte que coûte, dût-elle en périr, au service du pape, et jeter nos dernières cartes sur la table où ne se joue même plus la partie perdue de sa royauté anti-chrétienne ?

De nouvelles élections approchent qui vont être, il faut bien se le mettre en tête, une question de vie ou de mort pour ce pays. C'en est fait de lui s'il ne sait pas reconnaître a cette fois les amis des ennemis, les sages des insensés, pour laisser là ce vilain mot d'ennemis dont on use trop facilement chez nous.

A quel signe les reconnaître ?

En voici un qu'on peut recommander de confiance aux électeurs, qui ne se payeront pas du verbiage des professions de foi, et qui voudront connaître le fond dù sac des candidats.

Qu'on leur demande ceci :

« Faut-il que la France recommence son ancien métier de soldat du pape ? »

Et ceci :

« Avez-vous une conscience dont vous soyez vous-même le juge ? »

Et qu'on exige une réponse par oui et non, sans commentaires.

La Société de Jésus reconnaîtra les siens, et nous aussi.

Magny. — Imp. O. Petit.

LES IDÉES

DE

JEAN-FRÁNÇOIS

Contraste insuffisant

NF Z 43-120-14